Frère Roger, Taizé

Aus der Stille des Herzens

Das Buch

Noch wenige Wochen vor seinem Tod arbeitete Frère Roger an diesem Buch. Hundert Gebete, die er mit den Jugendlichen in Taizé gebetet hat: Preisungen oder einfache Bitten, Ausdruck kontemplativer Erwartung bei allem Zweifel, allen Fragen. Die kurzen Texte erinnern daran, dass sich in jedem Menschen die Sehnsucht nach Gemeinschaft mit Gott regt. Frère Roger verstand sie als Einladung an alle, schlichtes Vertrauen des Glaubens wachsen zu lassen und Wege zu finden, in der Stille des Herzens zu beten.

Der Autor

Frère Roger, 1915–2005, wurde als Roger Louis Schutz-Marsauche im Schweizerischen Provence geboren. 1937–40 studierte er Theologie in Lausanne und Straßburg. 1949 gründete er gemeinsam mit Mitbrüdern die »Communauté« von Taizé. Frère Roger erhielt 1974 den Friedenspreis des Deutschen Buchhandels, 1988 den UNESCO-Preis für Friedenserziehung und 1989 den Internationalen Karlspreis der Stadt Aachen.

Frère Roger, Taizé

Aus der Stille des Herzens

Gebete

HERDER

FREIBURG · BASEL · WIEN

HERDER spektrum Band 6725

MIX
Papier aus verantwor-
tungsvollen Quellen
FSC® C083411

Titel der französischen Originalausgabe:
Prier dans le silence du cœur, Les Presses de Taizé 2005
Übersetzung aus dem Französischen:
Communauté de Taizé
© Ateliers et Presses de Taizé, 2005

Titel der deutschen Originalausgabe:
Aus der Stille des Herzens
© Verlag Herder GmbH, Freiburg im Breisgau 2006
ISBN 978-3-451-29039-8

Umschlaggestaltung: Verlag Herder
Umschlagmotiv: © Sabine Leutenegger, CH-Will

Satz: Barbara Herrmann, Freiburg
Herstellung: CPI books GmbH, Leck

Printed in Germany

ISBN 978-3-451-06725-9

Inhalt

Nichts ist verantwortungsbewusster als
zu beten 7

Zu wem sollten wir gehen? 33

Ein verweilender Blick 57

Sich ganz Gott überlassen 83

Er begleitet uns 109
 An Weihnachten 113
 Am Fest Erscheinung des Herrn 114
 Am Palmsonntag 115
 Am Gründonnerstag 116
 Am Karfreitag 117
 Am Karsamstag 118
 An Ostern 119
 An Pfingsten 120
 Am Fest Verklärung Christi 121
 An Allerheiligen 122
 Beim Tod eines nahe stehenden Menschen 123
 Bei der Geburt eines Kindes 124
 Bei der Taufe 125

Nichts ist verantwortungsbewusster als zu beten

Das persönliche Gebet bleibt immer einfach. Meinen wir, dass es im Gebet vieler Worte bedarf? Nein, bisweilen genügen einige wenige, manchmal unbeholfene Worte, um Gott alles anzuvertrauen, unsere Ängste wie unsere Hoffnungen.

Wenn wir uns dem Heiligen Geist überlassen, finden wir auf den Weg, der von der Unruhe zum Vertrauen führt.

Im Gebet können wir ahnen, dass wir nie allein sind: Der Heilige Geist stärkt unsere Gemeinschaft mit Gott – nicht nur für einen Augenblick, sondern bis in das Leben, das kein Ende kennt.

Ja, der Heilige Geist entzündet in uns ein Licht. Scheint es auch nur schwach –

es weckt in unserem Herzen die Sehnsucht nach Gott. Und allein die Sehnsucht nach Gott ist schon Gebet.

Das Gebet rückt die Sorgen der Welt nicht in weite Ferne. Im Gegenteil, nichts ist verantwortungsbewusster als zu beten: Je einfacher und bescheidener man betet, desto stärker sieht man sich veranlasst, zu lieben und es mit dem eigenen Leben zum Ausdruck zu bringen.

Heiliger Geist,
gib, dass wir Frieden stiften,
wo Gegensätze aufeinander prallen,
und durch unser Leben
einen Widerschein
des Erbarmens Gottes
erkennen lassen.
Ja, lass uns lieben und es
mit unserem Leben sagen.

Jesus, unser Friede,
durch dein Evangelium rufst du uns auf,
ganz einfach und schlicht zu sein.
Du lässt in uns unendliche Dankbarkeit
wachsen für deine stete Gegenwart
in unserem Herzen.

Gott des Trostes,
auch wenn wir
nichts von deiner Nähe spüren,
bist du da. Deine Gegenwart
ist unsichtbar,
aber dein Heiliger Geist
ist immer in uns.

Heiliger Geist,
du erfüllst das All.
Du machst für uns
zerbrechliche Menschen
Werte des Evangeliums erreichbar:
Herzensgüte, Verzeihen,
liebendes Erbarmen.

Gott aller Menschen,
schon das Verlangen allein,
deine Liebe zu empfangen,
entzündet auf dem Grund unserer Seele
mit der Zeit eine Flamme.
Sie kann manchmal flackern,
aber sie brennt immer.

Jesus, unsere Hoffnung,
in dir finden wir den Trost,
mit dem Gott
unser Leben überfluten kann,
und wir begreifen,
dass wir dir im Gebet
alles überlassen,
alles anvertrauen können.

Heiliger Geist,
du richtest an uns alle einen Ruf.
Bereite unsere Herzen
und lass uns herausfinden,
was du von jedem von uns
erwartest.

Gott voll Erbarmen,
fassungslos stehen wir
vor dem unbegreiflichen Leiden
Unschuldiger.
Wir bitten dich für alle,
die Schweres durchmachen:
Erleuchte die Herzen der Menschen,
die den Frieden suchen –
der für die Menschheitsfamilie
unerlässlich ist.

Heiliger Geist,
in dir ist es uns gegeben,
eine überraschende
Entdeckung zu machen:
Gott will nicht,
dass ein Mensch leidet
oder im Elend lebt.
Gott löst in uns
weder Angst noch Furcht aus,
Gott kann uns nur lieben.

Gott des Trostes,
du lädst auf dich, was uns belastet.
So können wir jederzeit
von der Besorgnis zum Vertrauen,
vom Schatten zur Klarheit gehen.

Jesus Christus,
Friede unseres Herzens,
in unseren Nächten
wie unseren Tagen,
in finsteren Stunden
wie in Stunden voller Licht
klopfst du bei uns an und
wartest auf unsere Antwort.

Heiliger Geist,
Geheimnis einer Gegenwart,
du hüllst uns in deinen Frieden.
Er rührt an unser Innerstes,
er bringt uns Lebensatem.

Gott,
du liebst uns.
Mag unser Gebet noch so arm sein,
wir suchen dich voll Vertrauen.
Und deine Liebe bahnt sich einen Weg
durch unsere Unentschlossenheit,
ja unsere Zweifel.

Jesus, unser Friede,
du rufst uns auf,
dir ein ganzes Leben lang nachzufolgen.
Und wir begreifen
mit schlichtem Vertrauen,
dass du uns einlädst,
dich immer wieder zu empfangen.

Heiliger Geist,
oft können wir kaum in Worte fassen,
wie sehr wir
Gemeinschaft mit dir erwarten,
aber deine unsichtbare Gegenwart
wohnt schon in jedem von uns,
und es kann sich Freude einstellen.

Barmherziger Gott,
lass uns Wege finden,
dich im Gebet zu erwarten
und deinen Blick zu empfangen,
der voll Liebe
auf dem Leben eines jeden von uns
ruht.

Jesus, Freude unserer Herzen,
du gießt deinen Heiligen Geist
in uns aus.
Er entfacht tief im Innern
neues Vertrauen.
Durch ihn begreifen wir,
dass allein die Sehnsucht nach Gott
unsere Seele wieder aufleben lässt.

Tröster Geist,
komm als Hauch über die Sorgen,
die uns fernhalten von dir.
Und lass uns zu
den Quellen des Vertrauens finden,
die tief in uns
eingesenkt wurden.

Gott voll Erbarmen,
durch das Evangelium
können wir erahnen, dass du
uns bis in unsere innerste Einsamkeit
liebst.
Glücklich,
wer sich dir mit einem Herzen
voll Vertrauen überlässt.

Jesus, unser Vertrauen,
du kommst und entzündest
in uns einen Lichtschein.
Mag er auch
ganz schwach leuchten,
er genügt,
um in unserem Herzen
die Sehnsucht nach Gott
lebendig zu halten.

Heiliger Geist,
durch deine stete Gegenwart in uns
weist du uns den Weg,
aus Liebe unser Leben zu geben.
Und selbst
wenn wir dich manchmal vergessen,
überhäufst du uns mit Freude.

Jesus voll Barmherzigkeit,
selbst als man dir hart zusetzte,
hast du niemanden bedroht,
hast du verziehen.
Auch wir möchten Wege finden,
zu verzeihen,
und dabei im Herzen
ganz einfach bleiben.

Zu wem sollten wir gehen?

So weit man in der Geschichte auch zurückgeht, unzählige Glaubende haben erfahren, dass Gott im Gebet Licht und inwendiges Leben bringt.

Schon vor Christus betete ein Glaubender: „Meine Seele sehnt sich nach dir in der Nacht, Herr; zutiefst in mir sucht dich mein Geist."

Die Sehnsucht nach Gemeinschaft mit Gott regt sich im Menschen seit unvordenklichen Zeiten. Das Geheimnis dieser Gemeinschaft rührt an das Innerste, an den tiefsten Wesensgrund.

Deshalb können wir zu Christus sagen: „Zu wem sollten wir gehen, wenn nicht zu dir? Du hast die Worte, die unsere Seele neu beleben."

Christus voll Erbarmen,
du nimmst uns an mit unseren
Gaben und unseren Gebrechen.
Durch den Heiligen Geist
befreist du,
verzeihst du und
bewegst du uns dazu,
aus Liebe
selbst noch unser Leben zu geben.

Gott aller Liebe,
wir möchten auf dich hören,
wenn sich tief in uns
dein Ruf vernehmen lässt:
Geh vorwärts,
aufleben soll deine Seele!

Heiliger Geist, Tröster Geist,
empfange unser schlichtes Gebet.
Wir möchten dir alles anvertrauen
und uns an dem erfreuen,
was du in unserer Seele
bewirkst.

Jesus Christus,
gib uns ein entschlossenes Herz,
das in schlichtem Gebet
unablässig danach sucht,
Gemeinschaft mit Gott
zu entdecken.

Barmherziger Gott,
das Evangelium gibt uns eine
gute Nachricht zu verstehen:
Niemand,
kein Mensch ist von deiner Liebe
oder deinem Verzeihen
ausgeschlossen.

Heiliger Geist, inneres Licht,
wir möchten niemals
die Dunkelheit wählen,
sondern immer einlassen,
was an heller Klarheit
von dir kommt.

Jesus, unsere Freude,
du rufst uns auf,
dir nachzufolgen,
und wir begreifen,
dass dein Evangelium
unser Herz wie unser Leben
ändern kann.

Gott voll Erbarmen,
wir preisen dich für die unzähligen
Frauen, Männer und Jugendlichen,
die überall auf der Erde
Wege suchen,
Zeugen des Friedens,
der Versöhnung und der
Gemeinschaft zu sein.

Heiliger Geist, Tröster Geist,
ruhig und still
in deiner Gegenwart verweilen
heißt schon beten.
Du begreifst alles von uns,
und bisweilen kann ein Seufzen
unversehens ein Gebet sein.

Jesus, Retter allen Lebens,
wie der Morgenstern,
der in unserem Herzen aufgeht,
bringst du Licht
selbst in unser
Zweifeln und Zögern.

Gott,
du liebst jeden Menschen.
Tag für Tag
möchten wir in Gemeinschaft
mit dir leben,
in Stille und Liebe.

Heiliger Geist,
du erfüllst das All.
In einem Stillehauch
sagst du zu jedem von uns:
Fürchte dich vor nichts,
tief in dir ist Gott gegenwärtig.
Suche
und du wirst finden.

Jesus Christus,
Frieden unseres Herzens,
dein Evangelium öffnet uns die Augen
für die Fülle deiner Liebe:
Sie ist Verzeihen,
sie ist inneres Licht.

Gott aller Liebe,
wir suchen dich voll Vertrauen
und erwarten, dass sich
auch unsere inneren Widersprüche
der Gegenwart deines
Heiligen Geistes
nicht länger verschließen.

Heiliger Geist,
du möchtest nicht,
dass wir uns Sorgen machen,
sondern hüllst uns in deinen Frieden.
Er bereitet uns darauf vor,
jeden Tag als ein Heute
Gottes zu leben.

Jesus Christus,
du bist nicht auf die Erde gekommen,
um die Welt zu verurteilen,
sondern damit wir
durch den Heiligen Geist
in Gemeinschaft mit Gott leben.

Gott des Friedens,
wenn wir auch ungefestigt sind –
wir wollen dir auf dem Weg folgen,
auf dem wir lieben können,
wie du uns liebst.

Heiliger Geist,
Geheimnis einer Gegenwart,
zu jedem von uns sagst du:
Warum sich Sorgen machen?
Eines nur ist nötig:
mit dem Herzen hören und erfassen,
dass Gott dich liebt
und dir stets verzeiht.

Jesus, unsere Hoffnung,
selbst als zerbrechliche,
hilflose Menschen
möchten wir begreifen,
dass du stets den Weg erhellst,
der zu Gott führt.

Gott der Liebe,
durch den Heiligen Geist
bist du immer nahe.
Deine Gegenwart
ist unsichtbar,
aber du lebst auf dem Grund
unserer Seele,
selbst wenn wir uns dessen
nicht bewusst sind.

Heiliger Geist,
Atem der Liebe Gottes,
unser Gebet kann ganz unbeholfen sein,
aber das Evangelium
gibt uns zu verstehen –
bis hinein in die Stille unseres Herzens –,
dass du in uns betest.

Ein verweilender Blick

In kontemplativer Erwartung vor Gott
verweilen liegt nicht außerhalb der
menschlichen Möglichkeiten.

Bei solchem Beten hebt sich der Schleier
über dem, was man vom Glauben nicht
in Worten sagen kann, und das Unsag-
bare führt zur Anbetung.

Gott ist auch gegenwärtig, wenn der
Eifer nachlässt und spürbarer Widerhall
ausbleibt. Niemals wird uns sein Erbarmen entzogen. Nicht Gott hält sich von
uns fern, wir sind manchmal abwesend.

Ein verweilender Blick sieht in den
einfachsten Ereignissen Zeichen des
Evangeliums.

Er erkennt selbst im verlassensten
Menschen die Gegenwart Christi.

Er entdeckt im All die strahlende Schön-
heit der Schöpfung.

Heiliger Geist,
du kommst
und legst uns deinen Frieden an
wie ein Gewand.
Und wenn in uns eine Freude ist,
die vom Evangelium herrührt,
kann sie uns frischen Lebensmut geben.

Gott,
du liebst uns.
Die stille Betrachtung deiner Vergebung
wird zu einem Strahl der Güte
in einem ganz einfachen Herzen,
das sich dir anvertraut.

Jesus, Frieden in unseren Herzen,
du rufst jeden von uns auf,
dir nachzufolgen.
Zu wem sollten wir gehen, Christus,
wenn nicht zu dir?
Du hast die Worte,
die unser Herz aufleben lassen.

Gepriesen sei der Heilige Geist!
Er bewohnt die Tiefen
unseres Wesens
und verzehrt die Mühen
unseres Lebens
im Feuer seiner Gegenwart.

Gott des Friedens,
Freude des Evangeliums
willst du in uns legen.
Sie ist da, ganz nahe,
neu entfacht durch deinen Blick,
der voll Vertrauen
auf unserem Leben ruht.

Jesus, unsere Hoffnung,
dein Evangelium lässt uns erkennen:
Gott will,
dass wir auch in dunklen Stunden
glücklich sind.
Der Frieden in unserem Herzen
kann den Menschen um uns herum
das Leben schön machen.

Heiliger Geist,
du erfüllst das All,
und du lässt in jedem
von uns
ein Leben
in Gemeinschaft mit Gott
wachsen.
In ihm entfalten sich
die Güte des Herzens
und die Selbstvergessenheit
um der anderen willen.

Barmherziger Gott,
du erhellst unsere Seele
mit unerwartetem Licht.
So entdecken wir,
dass in uns
zwar etwas dunkel bleiben kann,
vor allem aber,
dass in jedem Menschen
das Geheimnis deiner Gegenwart liegt.

Jesus Christus,
wir suchen deinen Blick.
Er lässt den Kummer
im Herzen vergehen.
Und du sagst zu uns:
Sorge dich nicht,
selbst unsichtbar
bin ich immer bei dir.

Heiliger Geist,
du erschließt uns eine
Wirklichkeit des Evangeliums:
die Liebe, die verzeiht,
so dass nichts schlimm ist –
es sei denn, man
verliert den Geist
der Barmherzigkeit.

Tröstender Gott,
durch deinen Heiligen Geist
kommst du
und verklärst unser Herz.
Selbst in Bedrängnis und Leid
vertiefst du die Gemeinschaft
mit dir.

Jesus, Freude unseres Herzens,
du lässt jeden,
der aus deinem Verzeihen
und deinem Erbarmen lebt,
die tiefste aller Gewissheiten ahnen:
Wo Barmherzigkeit wohnt,
ist Gott.

Gott,
du liebst jeden Menschen.
Wenn wir begreifen,
dass deine Liebe
vor allem Verzeihen ist,
kommt unser Herz zur Ruhe,
kann es sich sogar verwandeln.

Jesus Christus,
für jeden von uns
hast du einen Ruf.
Du sagst zu uns:
Komm,
folge mir nach,
und du wirst finden,
wo dein Herz ausruhen kann.

Heiliger Geist, Tröster Geist,
bei dir bemerken wir,
dass wir nie allein sind.
Und du stärkst in uns
beständige Gemeinschaft mit dir.

Gott aller Ewigkeit,
wir möchten dich
in der Stille des Gebets suchen
und aus der Hoffnung leben,
die das Evangelium offenbart.

Jesus Christus,
durch dein Evangelium begreifen wir,
dass die Barmherzigkeit
über alles geht.
Schenke uns deshalb
ein Herz voller Güte.

Heiliger Geist,
wenn unser Herz in Sorge gerät,
bahnst du jedem von uns einen Weg:
Unser ganzes Leben Gott anvertrauen!

Gott voller Zuneigung,
in dir können wir den Sinn
unseres Lebens finden:
es hingeben um Christi
und des Evangeliums willen.

Jesus Christus,
im Evangelium legst du uns nahe,
nicht bei dem stehen zu bleiben,
was uns verletzt hat.
Und dein Verzeihen wird zum Wunder
in unserem Leben.

Gott,
du liebst uns,
zu deiner Quelle wollen wir gehen,
an den Tagen der Freude
wie an Tagen des Leids.
Durch deinen Heiligen Geist
sprichst du uns ins Herz.

Heiliger Geist,
du bist in Gemeinschaft
mit jedem von uns,
nicht nur für einen Augenblick,
sondern für immer,
bis in das Leben,
das kein Ende kennt.

Sich ganz Gott überlassen

Bleiben wir nicht stehen, wenn unser persönliches Gebet armselig und unsere Worte unbeholfen erscheinen.

Gehört es nicht zur tiefen Sehnsucht unserer Seele, Gemeinschaft mit Gott zu erfahren?

Drei Jahrhunderte nach Christus schrieb Augustinus, ein afrikanischer Glaubender: „Sehnsucht, die nach Gott ruft, ist bereits Gebet. Willst du unaufhörlich beten, höre nie auf, dich zu sehnen ..."

Schlichtheit im Herzen führt ins kontemplative Gebet. In ihm kann man sich ganz Gott überlassen, sich zu ihm hintragen lassen.

Für alle, die sich Gott anheim geben wollen, können einfache, oft wiederholte

Gesänge eine Hilfe sein, zum Beispiel: „Mon âme se repose en paix sur Dieu seul" (Bei Gott bin ich geborgen, still wie ein Kind). Diese Gesänge klingen im Herzen nach, bei der Arbeit wie in der Freizeit.

Wenn wir in solcher Gemeinschaft leben, redet uns Gott, der unsichtbar bleibt, nicht unbedingt in der Sprache menschlicher Worte an. Er spricht zu uns vor allem durch stille Eingebungen.

Mit der Stille im Gebet scheint es nichts auf sich zu haben. Und dennoch, in der Stille kann der Heilige Geist uns fähig machen, die Freude Gottes zu empfangen; sie rührt an den Grund der Seele.

Jesus Christus, Retter allen Lebens,
du leidest mit allen,
die Not und Bedrängnis erfahren,
und du nimmst
immer jeden Menschen auf,
der seine Last bei dir ablegt.

Atem der Liebe Gottes,
Heiliger Geist,
manchmal merken wir ganz überrascht,
wie nahe du uns bist.
Du sagst zu jedem von uns:
Überlasse dich Gott in aller Einfachheit,
auch dein geringer Glaube
ist dafür genug.

Gott des Friedens,
du liebst und du suchst jeden von uns.
Du schaust auf jeden Menschen
mit grenzenloser Zuneigung
und tiefem Erbarmen.

Jesus Christus,
wir möchten aus deinen Worten leben,
wenn du im Evangelium zu uns sagst:
Meinen Frieden hinterlasse ich euch,
euer Herz verzage nicht.

Heiliger Geist,
gib, dass wir uns
in jedem Augenblick dir zuwenden.
So oft vergessen wir,
dass du in uns wohnst,
dass du in uns betest,
dass du in uns liebst.
Deine Gegenwart in uns
ist Vertrauen und stetes Verzeihen.

Barmherziger Gott,
in der Folge der Apostel
und der Jungfrau Maria
bereitest du uns darauf vor,
uns ganz dir zu überlassen,
in Vertrauen und Liebe.

Jesus, Hoffnung unserer Herzen,
du wohnst immer in uns,
und durch das Evangelium
sagst du zu jedem von uns:
Hab keine Furcht, ich bin bei dir.

Heiliger Geist,
Geheimnis einer Gegenwart,
du kommst immer auf uns zu.
Du wohnst auf dem Grund unserer Seele
und du weckst in uns die Erwartung
einer Gemeinschaft mit dir.

Gott aller Liebe,
du hast jedem von uns
eine Freude des Evangeliums zugedacht.
Und wenn wir durch Not
und Bedrängnis gehen,
bleibt ein Ausweg:
sich ganz dir überlassen.

Christus, du
durchdringst unsere Tiefen
und nimmst dort eine Erwartung wahr.
Du weißt,
ohne dich gesehen zu haben,
lieben wir dich,
ohne dich schon zu schauen,
schenken wir dir unser Vertrauen.

Heiliger Geist, inneres Licht,
du erhellst die glücklichen Tage
wie die leidvollen Stunden
unseres Lebens.
Und wenn die helle Klarheit
zu vergehen scheint,
bleibt deine Gegenwart.

Gott aller Ewigkeit,
du liebst ausnahmslos
jeden von uns,
und in deinem steten Verzeihen
entdecken wir Frieden im Herzen.

Barmherziger Jesus,
du
gibst, dass wir
durch das Vertrauen unseres Herzens
den Menschen in unserer Umgebung
eine Flamme der Hoffnung
weitergeben.

Heiliger Geist, Tröster Geist,
uns Geringen des Evangeliums
hast du ein Geheimnis der Hoffnung
anvertraut.
Selbst wenn wir es übersehen,
ist es da
und stärkt unser Vertrauen.

Gott voll Erbarmen,
wir lauschen deinem Heiligen Geist
und möchten uns das tiefe Vertrauen
bewahren,
mit dem wir uns in jeder Lage
ganz dir überlassen können.

Jesus, unser Frieden,
mit unserem allzu geringen Glauben
möchten wir auf dich hören,
wenn du zu uns sagst:
Wende dich Gott zu
und schenke dem Evangelium
Vertrauen.

Heiliger Geist,
Atem der Liebe Christi,
du bist immer da
und du senkst in den Grund
unserer Seele
das Vertrauen des Glaubens ein.

Gott des Friedens,
durch deinen Heiligen Geist
lässt du uns
die Wüsten des Herzens
durchqueren,
und mit deinem Verzeihen
löst du unsere Verfehlungen
wie einen Morgennebel auf.

Jesus Christus,
als Armer unter Armen geboren,
du bist der Geringe Gottes,
nicht gekommen,
um zu richten,
sondern um
uns einen Weg
zur Gemeinschaft mit Gott zu bahnen.

Gott,
du liebst jeden Menschen;
wenn wir uns ganz dir überlassen,
begreifen wir,
dass durch den Heiligen Geist
auch Kummer und Leid
in unserem Herzen erhellt werden.

Jesus, unsere Zuversicht,
wir möchten dich
aus ganzer Seele lieben.
Gib,
dass wir es wagen,
die Hingabe unseres Lebens
immer wieder zu erneuern.

Heiliger Geist,
öffne uns für das Vertrauen
und die Einfachheit des Herzens,
damit wir uns selbst vergessen
und uns ganz dir überlassen.

Er begleitet uns

Am Abend des Ostertages begleitete
Jesus zwei seiner Jünger, die zum Dorf
Emmaus unterwegs waren. Sie bemerk-
ten erst nicht, dass er an ihrer Seite ging.

Auch wir haben Zeiten, in denen wir
nicht erkennen können, dass uns
Christus durch den Heiligen Geist ganz
nahe ist.

Unablässig begleitet er uns. Er erhellt
unsere Seele mit unerwartetem Licht.
Und wir entdecken, dass in uns zwar
etwas dunkel bleiben kann, aber in
jedem Menschen vor allem das Geheimnis seiner Gegenwart liegt.

Versuchen wir, uns eine Gewissheit zu
bewahren! Welche? Christus sagt zu
jedem Menschen: Ich liebe dich mit
einer Liebe, die kein Ende kennt.

Niemals verlasse ich dich. Durch den Heiligen Geist bin ich stets bei dir.

Gott des Friedens,
an Weihnachten entdecken wir
in der Folge der Jungfrau Maria,
dass eine der reinsten Freuden
des Evangeliums darin liegt,
sich auf die Einfachheit des Herzens
und des Lebens einzulassen.
Mit dem wenigen,
das wir haben,
möchten wir dich in Stille
und in Liebe empfangen.

Gott der Liebe,
du kommst in unsere Dunkelheit,
und deine Gegenwart
entzündet in uns eine Flamme.
Am Tag der Erscheinung des Herrn
können wir begreifen:
Nicht wir
schaffen diese Quelle des Lichts,
sondern dein Geist,
der zutiefst in uns wohnt.

Jesus Christus,
wie die Jünger am Palmsonntag
haben auch wir Freude nötig,
um uns darauf vorzubereiten,
zusammen mit dir
unser Kreuz zu tragen.
Und du sagst zu jedem von uns:
Hab keine Furcht,
geh das Wagnis ein,
mir immer wieder nachzufolgen.

Gott voll Erbarmen,
unser Herz und unser Geist
sind wie Land,
das nach dir dürstet.
Und du gießt deinen Heiligen Geist
in uns aus:
Frieden der Eucharistie,
der uns zu lebendigen Menschen macht.

Heiliger Geist,
durch deine Gegenwart
bewegst du uns an diesem Tag,
das Erbarmen Gottes
zu erkennen
und zu begreifen,
dass Gott nur seine Liebe schenken
kann.

Gott aller Ewigkeit,
mag auch alles in uns schweigen –
unser Herz spricht zu dir,
es betet,
und wir überlassen uns ganz dir.

Jesus Christus,
es kann uns
wie auch manchem deiner Jünger
bisweilen schwer fallen,
deine Nähe als Auferstandener
zu begreifen.
Durch den Heiligen Geist
wohnst du aber in uns
und du sagst zu jedem von uns:
Folge mir nach,
ich habe dir einen Weg
zum Leben gebahnt.

Jesus Christus,
in deinem Evangelium
sicherst du uns zu:
Ich lasse euch nie allein,
ich sende euch den Heiligen Geist,
er ist euch Beistand und Tröster,
er lässt euch Tag für Tag
in Gemeinschaft mit Gott leben.

Heiliger Geist,
du kennst unsere Zerbrechlichkeit
und du kommst dennoch
und verklärst unser Herz,
so dass selbst die Dunkelheit
in uns Licht werden kann.

Barmherziger Gott,
in der Folge der heiligen Zeugen Christi,
von den Aposteln und der
Jungfrau Maria
bis zu den Zeugen von heute,
rufst du uns auf,
Träger des Friedens,
des Vertrauens
und der Freude für die Menschen
in unserer Umgebung zu sein.

Christus voll Erbarmen,
du lässt uns in Gemeinschaft
mit den Menschen sein,
die uns vorausgegangen sind
und uns dennoch
ganz nahe bleiben können.
Schon schauen sie das Unsichtbare.
In ihrer Folge
bereitest du uns darauf vor,
einen Lichtstrahl
deiner Klarheit zu empfangen.

Gott voller Zuneigung,
du machst uns
zu Geringen des Evangeliums.
Es liegt uns viel daran zu begreifen,
dass das Beste in uns
durch schlichtes Vertrauen wächst –
wie es schon ein Kind aufbringen kann.

Gott, du liebst uns.
Getauft im Heiligen Geist
haben wir für immer
Christus empfangen.
Und du sagst zu jedem von uns:
Du bist mein
ein und alles,
in dir finde ich meine Freude.

Faszination Taizé

Kathryn Spink
Frère Roger – Gründer von Taizé
Leben für die Versöhnung
208 Seiten | Herder Taschenbuch | ISBN 978-3-451-06542-2
Die Lebensgeschichte von Frère Roger – ein Leben, das ihn um die
ganze Welt führte und schließlich in einem kleinen Dorf in Burgund
seinen Höhepunkt fand: die Gründung der weit ausstrahlenden ökumenischen Gemeinschaft von Taizé, deren Prior er für viele Jahre bis
zu seinem Tod war.

Die Gesänge aus Taizé
Instrumentalstimmen
208 Seiten | Spiralbindung | ISBN 978-3-451-27682-8
Diese offizielle Ausgabe enthält die Instrumentalstimmen zum Liederbuch der Gesänge aus Taizé. Über die Grundbegleitungen hinaus
wurden Stimmen für einen größeren Kreis von Instrumenten aufge-
nommen, die zum Teil als Duo, Trio oder Quartett gespielt werden
können: Orgel (Tastinstrumente), Gitarre (Akkordbegleitung und
klassische Gitarre), Sopran- und Altblockflöte, Querflöte, Oboe, Kla-
rinette, Englischhorn, Fagott, Trompete, Horn, Posaune und Cello.

Die Gesänge aus Taizé
Singstimmen
64 Seiten | Geheftet | ISBN 978-3-451-27683-5
Diese offizielle Ausgabe enthält die Singstimmen für die mit Solo-
versen versehenen Gesänge aus Taizé. Im Anschluss an den mehr-
stimmigen Satz sind jeweils sämtliche Solostimmen auf Deutsch
und zum Teil zusätzlich in anderen Sprachen wiedergegeben, deren
Einsatz das Thema jedes Stückes inhaltlich wie musikalisch erst voll
zur Entfaltung bringt.

HERDER

Jean-Claude Escaffit / Moïz Rasiwala
Die Geschichte von Taizé
240 Seiten | Paperback | ISBN 978-3-451-29959-9
Die Gemeinschaft der Brüder von Taizé ist eine der erstaunlichsten
Gründungen des 20. Jahrhunderts. Besonders Jugendliche aus der
ganzen Welt finden hier und an vielen Orten auf allen Kontinenten
zusammen. Dieses Buch zeichnet die Geschichte von Taizé nach: von
der Gründung eines monastisch geprägten Lebens im Zeichen der
Versöhnung über den »Pilgerweg des Vertrauens« und die internationalen Jugendtreffen bis heute.

Communauté de Taizé
Höre die Stimme meines Herzens
Gebete aus Taizé
192 Seiten | Klappenbroschur | ISBN 978-3-451-31203-8
In einzigartiger Weise bringen die Gebete von Taizé die Einfachheit
und Tiefe des Glaubens zum Ausdruck. Das Buch enthält Modelle
für Gebete, die alle Themen des Lebens aufgreifen. Sie können allein
oder in einer Gruppe gebetet werden und halten die Verbindung zu
Taizé wach.

Taizé – Im Licht des Vertrauens
Gebete von Frère Roger
104 Seiten | Spiralbindung | ISBN 978-3-451-32465-9
Frère Roger von Taizé gehört zu den großen charismatischen Menschen am Übergang ins dritte Jahrtausend. Nach wie vor geht von
seinen Texten eine große spirituelle Strahlkraft aus. In diesem Aufstell-
buch sind rund 100 Gebete von ihm zusammengestellt. Fotografien
fangen die besondere Atmosphäre von Taizé ein.

HERDER

Die Liebe wählen
Frère Roger, Taizé 1915–2005
144 Seiten | Klappenbroschur | ISBN 978-3-451-32634-9
Ein Buch über Frère Roger, das an das Geheimnis von Taizé rührt.
Wenig bekannte Texte des charismatischen Gründers erzählen vom
Geist der Gemeinschaft. Private Fotos lassen seinen Lebensweg leben-
dig werden und zeigen das Werden und Wachsen der ökumenischen
Communauté mit ihrer geistlichen Ausstrahlung.

Die Gesänge aus Taizé
Neuausgabe
112 Seiten | Geheftet | ISBN 978-3-451-33460-3
Das offizielle Liederbuch aus Taizé – mehrsprachig, ökumenisch und
unübertroffen preisgünstig. Die Gesänge aus Taizé wurden zunächst
für die Treffen geschrieben, zu denen Jugendliche aus aller Welt in der
Gemeinschaft der Brüder in Burgund zusammenkommen. Inzwischen
gehören sie weltweit zu den verbreitetsten und beliebtesten geistlichen
Gesängen in Gruppen und Gemeinden.

Die Gesänge aus Taizé
Großdruckausgabe
112 Seiten | Spiralbindung | ISBN 978-3-451-33477-1
Die Gesänge aus Taizé verkörpern die Spiritualität der Gemeinschaft
von Taizé in einzigartiger Weise. Die vorliegende Ausgabe bietet die
etwa 150 Lieder im Großdruck – das Format ist doppelt so groß wie
das der Normalausgabe. Lieder und Aufbau beider Ausgaben von 2014
sind identisch, eine gemischte Verwendung beider Liederbücher ist
also möglich. Die Spiralbindung lässt einen unkomplizierten Gebrauch
des Buches zu.

HERDER